LOUIS VUIT

# LOUIS VUITTON

Para Neville John Hume,
mi abuelo,

que podía hacer y crear cualquier cosa
y siempre me animó a seguir su ejemplo.

# LOUIS VUITTON

## EL ARTE DE VIAJAR CON ESTILO

Megan Hess

Traducción de Gemma Salvà Santanachs

LUNWERG
EDITORES

# ÍNDICE

# INTRODUCCIÓN

LV: dos letras conocidas en todo el mundo como símbolo del arte de viajar con estilo. A mediados del siglo XIX, en los albores de la era moderna de los viajes, Louis Vuitton revolucionó el concepto de equipaje y sentó las bases de un legado sin precedentes en la industria de la moda.

**EN 1854**, tras muchos años aprendiendo el exigente oficio de fabricar baúles y embalarlos, Louis Vuitton apostó por fundar su propia *maison*. Para entonces, ya destacaba como uno de los artesanos más icónicos de París, hasta el punto de que la emperatriz francesa y la distinguida élite del país lo habían elegido para confeccionar baúles a medida en los que transportar cuidadosamente los espléndidos atuendos que lucían en los palacios y ciudades de toda Europa.

Sin embargo, Louis Vuitton intuía que había nuevos horizontes que conquistar. Tanto él como su hijo y su nieto fueron pioneros en la creación de artículos de viaje innovadores en una época en la que los trenes, los barcos, los automóviles y los aviones facilitaban cada vez más los desplazamientos. Sus baúles —ligeros y confeccionados con hermosas lonas estampadas— se convirtieron en objetos imprescindibles para viajar, no solo para los parisinos, sino también para la élite, maharajás y estrellas de cine de todas las ciudades glamurosas del mundo.

Generación tras generación, esta empresa familiar supo ver las oportunidades que ofrecía la creación de un equipaje práctico, elegante y personalizado, que permitiera transportar desde voluminosos y delicados trajes escénicos hasta todo lo necesario para una expedición. No es de extrañar que, al introducirse en el mundo de los bolsos y la moda, la *maison* siguiera desarrollando este mismo concepto. El inconfundible estampado Monogram de Louis Vuitton es sinónimo de calidad y estilo en todos los sentidos, y hoy la firma se cuenta entre las casas de moda más influyentes del mundo.

El extraordinario éxito de Louis Vuitton resulta aún más admirable si se tiene en cuenta que partió de unos orígenes muy humildes. De niño, abandonó un hogar rural lleno de privaciones para emprender un largo viaje hasta París en busca de algo nuevo que le permitiera hacer fortuna y, quizá, dejar su huella en el mundo. En aquel momento, seguramente no se imaginaba cuán profunda sería esa huella.

La valentía y la perseverancia de Louis Vuitton, así como su empeño por crear objetos bellos y prácticos, han hecho que su historia y su nombre estén para siempre vinculados al lujo y la aventura.

1

# EL HOMBRE

**LA HISTORIA DE LOUIS VUITTON** empieza, curiosamente, con un viaje. Sin embargo, no se trata de un viaje opulento, sino del emprendido por un niño que deja atrás su hogar en un pequeño pueblo francés para cruzar el país a pie. Louis Vuitton, pese a sus orígenes humildes, tenía grandes sueños y estaba resuelto a hacerlos realidad.

Llegó a París en los albores de la Revolución Industrial. La bulliciosa capital francesa debió de parecerle un mundo a años luz de su tranquila vida en el campo. Gracias a su habilidad para el trabajo artesanal, no tardó en conseguir un puesto de aprendiz en la fabricación de baúles y el arte de embalar su contenido, una elección crucial que, con el tiempo, lo llevaría a trabajar para las figuras más conocidas y distinguidas de Francia, en especial para la emperatriz Eugenia de Montijo.

Los conocimientos aprendidos y su habilidad innata lo convirtieron en un maestro del oficio, pero Louis también poseía una mente creativa, y sus innovaciones lo ayudaron a forjar una de las marcas más influyentes del mundo y a avanzarse a la mayoría de las célebres firmas de moda del momento. Aunque los primeros años de su vida no están bien documentados, los detalles que conocemos trazan el retrato de un hombre verdaderamente extraordinario.

Louis Vuitton nació el 4 de agosto de 1821 en el tranquilo pueblo de Anchay. Sus padres, Xavier y Coronne, tenían una pequeña granja.

Coronne también era sombrerera, y quizá fueron sus creaciones las que despertaron en el joven su interés por el mundo del estilo.

Louis pasó su infancia llevando a cabo distintos trabajos para que la familia pudiera salir adelante.

Anchay no era más que una pequeña agrupación de casas de campo y granjas a la sombra del macizo del Jura, en el este de Francia, donde los inviernos nevados solían ser muy duros.

La mayoría de los lugareños solo abandonaban su hogar para ir al pueblo vecino, y la familia de Louis había vivido allí durante generaciones.

La madre de Louis falleció
cuando él contaba diez años.

Las dificultades y la monotonía de la vida en el campo se volvieron aún más duras, sobre todo después de que su padre se casara de nuevo y Louis no congeniara con su estricta madrastra.

Louis hallaba consuelo en la intimidad de un bosque cercano y en las tallas de madera que realizaba, pero anhelaba algo más.

Así, con tan solo trece años, Louis esperó a que se derritiera la nieve del invierno para emprender un viaje en solitario que cambiaría su vida para siempre.

Puesto que carecía de dinero, no tuvo más remedio que recorrer a pie los cuatrocientos kilómetros que separan Anchay de París.

Tardó más de dos años en llegar a la Ciudad de la Luz.

PARÍS
ANCHAY

Louis se fue deteniendo en el camino para realizar pequeños trabajos ocasionales, como echar una mano en alguna granja o incluso ayudar a artesanos, a cambio de comida y alojamiento.

Gracias a su habilidad para transformar materiales con sus propias manos, pronto desarrolló habilidades en varios oficios.

Es muy probable que en su camino se cruzara con hermosos carruajes cargados de baúles que se dirigían a destinos lejanos.

Tal vez esa imagen romántica dio fuerzas al joven viajero para proseguir su largo camino.

“

Siempre descubro
ALGO BELLO
en las cosas inusuales
E IMPERFECTAS;
son mucho más
INTERESANTES.

”

**MARC JACOBS**

LOUIS VUITTON

Corría el año 1837 cuando Louis llegó a París. Para entonces, ya había cumplido los dieciséis. La ciudad se hallaba en los inicios de la Revolución Industrial y era un centro de comercio y cultura.

Las ajetreadas calles debieron de suponer toda una experiencia para alguien acostumbrado a la serenidad de la vida rural.

Sin embargo, la ciudad también entrañaba dificultades, y si Louis quería sobrevivir en ella —y, más aún, dejar su impronta— necesitaría aprender un oficio.

LOUIS VUITTON

Afortunadamente, sus habilidades como artesano no tardaron en ser reconocidas por otro maestro del oficio, Romain Maréchal.

Monsieur Maréchal era un famoso *malletier et emballeur* (fabricante y embalador de baúles), y Louis demostró ser digno de convertirse en su aprendiz y descubrir los entresijos de este tradicional y respetable oficio.

Casualmente, se trataba de una época muy emocionante para los viajes. El primer ferrocarril a París se inauguró el mismo año en el que Louis llegó a la ciudad.

Ciudadanos adinerados y aventureros realizaban travesías transoceánicas en barcos de vapor.

En aquel entonces, los viajes no duraban días o semanas, sino meses, e incluso años.

Quienes los emprendían iban a ausentarse mucho tiempo de su hogar, por lo que precisaban llevar consigo numerosos enseres, y estos debían embalarse cuidadosamente en cajas y baúles fabricados a medida.

En el taller de monsieur Maréchal, en la elegante rue Saint-Honoré, Louis dejó de barrer el suelo de las instalaciones para convertirse en ayudante de los maestros artesanos y aprender a fabricar hermosos baúles y cajas de viaje personalizadas empleando maderas y cueros de la mejor calidad. En total, dedicó diecisiete años a perfeccionar su oficio.

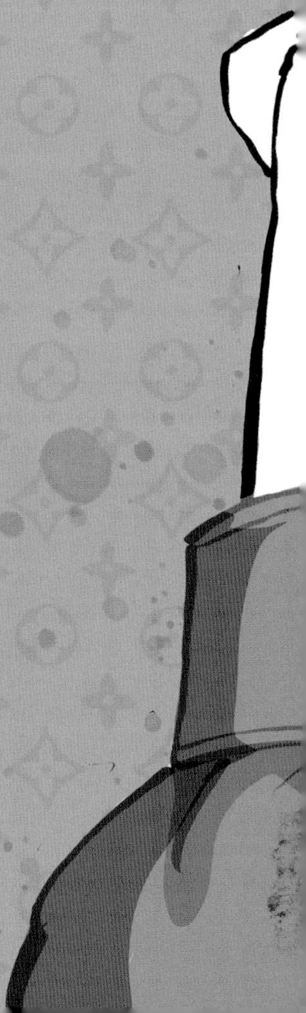

Además de fabricar baúles, un *malletier et emballeur* también debía embalar con sumo cuidado su valioso contenido para asegurarse de que todo llegara a su destino en perfecto estado.

Ello implicaba guardar los delicados y extravagantes conjuntos que su selecta clientela precisaba para los largos viajes.

Y, en lo que respecta a embalar trajes y vestidos, Louis Vuitton se ganó la reputación de ser el mejor entre los mejores.

Convertido ya en un maestro artesano, Louis era muy solicitado por la nobleza francesa.

Sin embargo, el mayor honor le llegó cuando Eugenia de Montijo, esposa del nuevo emperador de Francia, Napoleón III, lo eligió personalmente como su *malletier et emballeur*.

Así, recibió el encargo de diseñar y confeccionar sus baúles a medida, y de colocar en ellos exquisitas y suntuosas prendas, acordes con el opulento estilo de vida de la emperatriz, para sus desplazamientos desde el parisino Palais des Tuileries hasta el Château de Saint-Cloud, donde solía descansar de la vida cortesana, y también para sus viajes por el resto del país y el extranjero como parte de sus compromisos oficiales.

Nacida en España, la emperatriz Eugenia utilizaba la moda no solo para expresar su estilo, sino también para reafirmar su estatus, y fue una gran impulsora de la próspera industria de la alta costura que empezaba a despuntar en París.

Famosa por cambiarse de atuendo varias veces al día, ejerció una gran influencia tanto en Francia como en el resto del mundo, donde contaba con multitud de admiradoras que se apresuraban a imitar sus icónicos *looks*.

La emperatriz Eugenia fue mecenas de Charles Frederick Worth. De origen inglés, es considerado el padre de la alta costura y creó la prestigiosa Casa Worth.

Louis Vuitton entabló amistad con él mientras ambos trabajaban para asegurarse de que la emperatriz presentara un aspecto impecable en todo momento y lugar. Durante ese tiempo, Louis cultivó una visión más profunda y refinada del mundo de la moda.

CASA WORTH

El año 1854 marcó un punto de inflexión en la vida de Louis Vuitton. Primero, se casó con Clémence-Émilie Parriaux, la joven hija del propietario de un molino.

Luego, con el apoyo e impulso de su esposa, abrió el taller que llevaría su nombre.

El éxito que había cosechado hasta entonces le había dado confianza y prestigio, y Louis tenía grandes ideas para perfeccionar el histórico arte de fabricar y embalar baúles, sobre todo para una clientela elegante y refinada.

El primer taller de Louis Vuitton se encontraba en el número 4 de la rue Neuve-des-Capucines.

Era una zona acomodada en pleno centro de París, cerca de la regia place Vendôme y de numerosos *couturiers*, como el taller de monsieur Maréchal y la Casa Worth.

El edificio constaba de una planta baja, en la que Louis instaló su pequeño taller, y de una planta superior, donde residía la joven pareja.

El cartel del escaparate rezaba: «Embalaje seguro de los objetos más delicados. Especialistas en baúles y artículos de viaje para moda».

LOUIS VUITTON
LOUIS VUITTON
LOUIS VUITTON
LOUIS VUITTON

“

Nunca debe OLVIDARSE que lo que perdura EN EL TIEMPO empezó siendo una NOVEDAD.

”

NICOLAS GHESQUIÈRE

Inspirado por los avances de la Revolución Industrial, Louis empezó a explorar el uso de materiales innovadores —como el zinc, el aluminio y el cobre— para fabricar baúles más resistentes y ligeros.

Sus experimentos lo llevaron a realizar su primera gran innovación en el diseño de artículos de viaje.

En 1858, Louis Vuitton presentó su primer baúl de tapa plana, diseñado específicamente para los viajes en barcos de vapor.

Hasta entonces, los baúles se fabricaban con la tapa abombada para que la lluvia resbalara por ella y no dañara el cuero si durante la travesía el equipaje quedaba expuesto a la intemperie.

Pero el nuevo baúl de Louis estaba fabricado con una lona que, quizá en alusión a las hermosas villas campestres que frecuentaban sus clientes, bautizó como Trianon.

La lona Trianon, además de ser más resistente que el cuero, era impermeable, lo que permitía fabricar baúles con la tapa plana.

Además, ofrecía otra ventaja muy importante: los baúles se podían apilar, lo que resultaba muy útil en los viajes en barco y tren, cada vez más populares.

Por supuesto, además de prácticos, los nuevos baúles de Louis Vuitton eran preciosos. La lona Trianon presentaba un aspecto elegante y moderno.

La emperatriz Eugenia fue una de las primeras en utilizar los baúles de Louis, que no tardaron en convertirse en imprescindibles en todos los viajes.

La demanda aumentó con gran rapidez, y la familia Vuitton también estaba a punto de crecer.

Sin duda, necesitarían más espacio del que les ofrecía su taller y apartamento en París.

Louis decidió alejarse del centro de la abarrotada ciudad y optó por instalarse en Asnières-sur-Seine, una zona arbolada a las afueras de París.

Allí construyó un taller moderno y luminoso, hecho de vidrio y acero, acorde con el espíritu vanguardista de su negocio.

Dado que se hallaba junto al río Sena, podía importar fácilmente los materiales de primera calidad que precisaba para fabricar sus baúles y luego enviar estos a la tienda de París para su venta.

Louis también diseñó y construyó una casa familiar junto a su taller en Asnières-sur-Seine.

Provista de decorativos vitrales, una biblioteca bien surtida y mobiliario antiguo, reflejaba el gusto impecable que Louis había adquirido gracias a su trabajo con la clientela más distinguida de París.

Había recorrido un largo camino desde su humilde infancia en Anchay.

Era el hogar ideal para recibir a un nuevo miembro de la familia Vuitton.

Louis y Clémence-Émilie celebraron el nacimiento de su hijo Georges en 1857.

Con su nuevo taller más activo que nunca, y su esposa y su hijo instalados en su hermosa casa, todo estaba dispuesto para que Louis Vuitton se consolidara como el principal fabricante de artículos de viaje de Francia y, muy pronto, del mundo entero.

# 2

# LA
# MARCA

**LA TRANSFORMACIÓN DE LOUIS VUITTON** en la firma que hoy conocemos no estuvo libre de problemas. Sin embargo, dados sus asombrosos comienzos, no es de extrañar que Louis tuviera la resiliencia necesaria para superar esas dificultades y llevar sus artículos de viaje a todos los rincones del planeta, creando baúles a medida para personas tan diversas como exploradores y estrellas de la ópera.

Cuando falleció, a finales del siglo XIX, Louis ya había formado a su hijo Georges para que continuara el negocio con el mismo espíritu de ideas ilimitadas. Posteriormente, Georges pasaría el testigo a su propio hijo, Gaston-Louis. Generación tras generación, la familia Vuitton no ha dejado de innovar: desde una cerradura imposible de forzar hasta el baúl adaptado a los automóviles y, por supuesto, el icónico estampado Monogram.

Fue Coco Chanel quien contribuyó, a principios del siglo XX, a la introducción de Louis Vuitton en el mundo de los bolsos. A partir de entonces, la marca inició una trayectoria imparable, creando piezas hermosas de todas las formas y tamaños. Los artículos de Louis Vuitton se convirtieron en los accesorios ideales no solo para viajar, sino también para cualquiera que llevara una vida activa y dinámica.

En 1867, París acogió la Exposición Universal: una feria colosal, con más de 50.000 estands en los que se exhibían los mejores productos e ideas de todo el mundo.

Y Louis Vuitton era, a todas luces, el mejor en la elaboración de baúles y maletas.

La exposición contó con más de seis millones de visitantes, lo que le brindó la oportunidad de ampliar su clientela más allá de París.

Su estand fue uno de los más comentados del gran evento, y la exposición galardonó a Louis con la medalla de bronce por su extraordinario trabajo.

LOUIS VUITTON

Pero la suerte de Louis
estaba a punto de cambiar.

En 1870, la guerra franco-prusiana y el consiguiente asedio de París provocaron que la demanda de artículos de lujo cayera en picado y que las calles, antes bulliciosas, quedaran vacías.

La clienta más importante de Louis, la emperatriz Eugenia, se exilió junto con su esposo.

Su taller fue saqueado y destruido, y el establecimiento de París tuvo que cerrar.

Sin embargo, lejos de rendirse, Louis organizó el racionamiento de víveres para paliar la escasez de alimentos y puso a disposición sus materiales para lo que fuera conveniente.

LOUIS VUITTON
CERRADO

En cuanto París volvió a la normalidad, Louis demostró una vez más su carácter decidido y se propuso no solo reconstruir su negocio, sino también expandirlo.

Aprovechó la oportunidad para crear un taller más grande y mejor, y abrir un nuevo establecimiento en París.

Louis Vuitton abrió su segundo establecimiento en 1871, en el número 1 de la rue Scribe, rodeado de *boutiques* y cerca de la Ópera de París y del majestuoso Grand Hôtel.

Era el lugar perfecto para inaugurar una nueva etapa para la *maison*.

Un año después, Louis Vuitton amplió su
línea con la introducción de la lona Rayée.

Disponible en dos versiones —roja y marrón—,
esta nueva lona a rayas supuso otro gran
avance en las posibilidades de viajar con estilo.

También marcó el inicio de una característica
distintiva de Louis Vuitton: la creación
de estampados únicos que hacían que sus
productos fueran reconocibles al instante.

Ello situó a Louis Vuitton un paso por
delante de sus competidores, deseosos
de imitar sus populares creaciones.

Louis confiaba en que su hijo, Georges, se hiciera cargo del negocio familiar.

Dado que su infancia había sido muy difícil, se había propuesto darle a Georges la educación que él nunca tuvo.

Así, Louis y Clémence-Émilie decidieron enviar a Georges a estudiar a la isla de Jersey, dependiente de la corona británica, para que pudiera recibir una formación excelente y aprendiera a hablar inglés con fluidez.

Ello permitiría a Georges comunicarse fácilmente con la nueva clientela internacional de la marca.

En 1882, Clémence-Émilie falleció. Louis rebasaba los sesenta años y cada vez pensaba más en el futuro del negocio.

Georges, que había pasado su infancia y juventud entre talleres, ya estaba preparado para aprender el arte de fabricar baúles junto a su padre.

Afortunadamente, Georges era un aprendiz entusiasta y tenía una visión aún más ambiciosa que la de su padre.

LV

LEPHONE

En 1885, Georges fue enviado a Londres para abrir el primer establecimiento Louis Vuitton fuera de Francia.

Situado en Oxford Street, supuso un punto de inflexión para la expansión del nombre Louis Vuitton y para el papel cada vez más relevante de George en el negocio.

El establecimiento, conocido como «la tienda de los baúles franceses», terminaría trasladándose a la exclusiva zona comercial de New Bond Street.

Louis Vuitton fabricaba baúles para importantes clientes de todo el mundo, minuciosamente personalizados con arreglo a sus necesidades.

Así, había un baúl cama para los exploradores que buscaban lo último en artículos de viaje, y también el célebre Malle Chemise: un baúl armario que incorporaba cajones y ofrecía a los viajeros más sofisticados la comodidad de no tener que deshacer el equipaje durante la travesía.

En 1889, más de dos décadas después de la última Exposición Universal, París acogió una nueva feria mundial, y Louis Vuitton también participó en ella y mostró al mundo sus artículos de viaje.

Esta vez fue galardonado con una medalla de oro.

Durante la Exposición Universal de 1889, también se inauguró una proeza de la ingeniería que pasaría a dominar el *skyline* de París: la torre Eiffel.

LOUIS VUITTON

La Exposición Universal de 1889 acogió el debut de un nuevo estampado de Louis Vuitton: la lona Damier, inspirada en un tablero de damas.

Inicialmente disponible en marrón —Ebène— y hoy también conocida por su variante azul —Azur—, sigue siendo un símbolo icónico de la marca.

El propio Louis Vuitton también podía considerarse ya una figura icónica.

Había construido un imperio en expansión gracias a su talento y su visión, y sus baúles se habían convertido en el paradigma de los viajes de lujo.

Falleció en su casa de Asnières-sur-Seine en 1892, a los setenta años.

Fue enterrado en el cementerio de la localidad junto a su esposa, Clémence-Émilie.

“

Muéstrame
TU EQUIPAJE
y te diré
QUIÉN ERES.

”

**ESLOGAN DE UNA CAMPAÑA PUBLICITARIA DE LOUIS VUITTON, 1921**

Louis había asegurado la continuidad de la *maison* a través de su hijo.

Georges demostró que, en efecto, seguía los pasos de su padre cuando presentó la segunda gran innovación de Louis Vuitton: una cerradura de cilindro imposible de forzar.

Lanzada oficialmente en 1890, esta cerradura permitía a los viajeros tener la certeza de que su valiosa carga estaría segura dentro de un baúl Louis Vuitton.

Georges incluso llegó a desafiar a Harry Houdini.

Sin embargo, Houdini no aceptó el reto, quizá porque las cerraduras ya eran famosas por ser impenetrables.

En 1893 se celebró otra Exposición
Universal, esta vez en Chicago.

Tras el éxito de su padre en este tipo de eventos mundiales, Georges vio en esa exposición la oportunidad de introducir Louis Vuitton en el floreciente mercado estadounidense. Fue un triunfo inmediato.

Georges vendió todos los artículos que había llevado a la exposición y no tardó en abrir establecimientos Louis Vuitton en Washington y en Nueva York, y poco después en otras ciudades.

Georges también mantuvo la tradición de Louis Vuitton de crear estampados distintivos, y ninguno de ellos obtuvo tanto éxito como el Monogram.

El inconfundible motivo consta de varias formas florales y las iniciales LV entrelazadas.

Georges introdujo el estampado Monogram en 1896 como un hermoso homenaje a su padre.

El estampado Monogram está inspirado en diversas influencias artísticas, entre ellas una roseta —o elemento decorativo con forma de cuatro pétalos— presente en una caja medieval que puede que formara parte de la colección de antigüedades de Louis Vuitton.

También evoca los emblemas japoneses *mon*, muy de moda en Europa durante la época victoriana.

LOUIS VUITTON

El nombre de Louis Vuitton siguió estando indisolublemente vinculado a la revolución de los viajes glamurosos. Georges sentía pasión por los automóviles, y diseñó baúles específicos que se adaptaban a los nuevos modelos.

Un baúl concebido para viajar en automóvil resultaba ideal para una escapada a la pintoresca Costa Azul, donde, casualmente, en 1908 Georges abrió el siguiente establecimiento Louis Vuitton.

Louis Vuitton también diseñó baúles que se adaptaban a los globos aerostáticos y a los aviones.

En 1910, la *maison* incluso llegó a exhibir un prototipo de helicóptero en una feria aeronáutica celebrada en París. Fue desarrollado por los gemelos Jean y Pierre Vuitton, de veinte años, dos de los cinco hijos que en total tuvieron Georges y su esposa, Joséphine.

Por desgracia, Jean Vuitton falleció tres días antes de que se inaugurara la exposición.

LOUIS VUITTON

La gente viajaba con su equipaje
Louis Vuitton por tierra, mar y aire.

Se llegó a decir que los baúles Louis Vuitton
fueron el único equipaje que sobrevivió al
trágico hundimiento del *Titanic* en 1912.

En 1913 se abrió un nuevo establecimiento Louis Vuitton en el número 101 de los Champs-Élysées, en un impresionante edificio *art déco* de siete plantas, encargado por Georges.

El establecimiento, que sigue siendo la sede insignia de Louis Vuitton en París y un icono del bulevar más célebre de la ciudad, fue reconocido como la mayor tienda de artículos de viaje de todo el mundo.

En la década de 1920, ya había establecimientos Louis Vuitton en las principales ciudades del mundo.

Desde Bombay hasta Buenos Aires, la *maison* era famosa por los encargos a medida que realizaba para una clientela selecta, como un baúl para obras de arte, confeccionado especialmente para el célebre galerista René Gimpel, que le permitía transportar con sumo cuidado pinturas de incalculable valor, y un baúl escritorio para Ernest Hemingway, con compartimentos para su máquina de escribir y su colección de libros.

En 1905, la actriz francesa Sarah Bernhardt llevó consigo un conjunto de doscientos baúles Louis Vuitton durante una gira por Brasil.

Un baúl neceser diseñado para la célebre soprano francesa Marthe Chenal incluía compartimentos especiales para guardar sus brochas de maquillaje y polveras.

Y un baúl fabricado para otra estrella de los escenarios, Lily Pons, contaba con espacio para transportar veintiséis pares de glamurosos zapatos por todo el mundo.

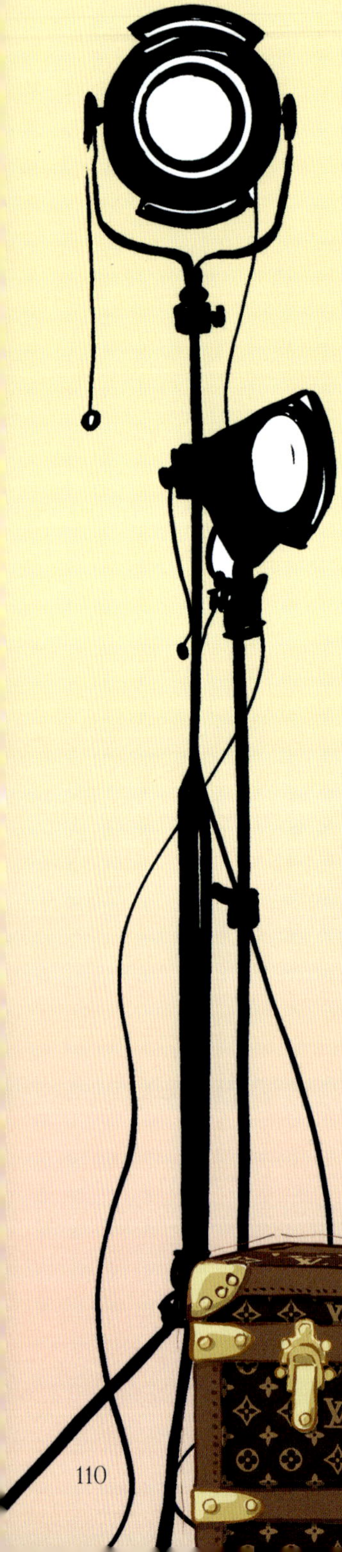

Al otro lado del Atlántico, estrellas de la gran pantalla, como Greta Garbo, Katharine Hepburn y Elizabeth Taylor, eran conocidas por viajar siempre —ya fuera por trabajo o por placer— con equipaje Louis Vuitton.

“

LOUIS VUITTON significa viajes, CREATIVIDAD e innovación.

”

NICOLAS GHESQUIÈRE

LOUIS VUITTON

Louis Vuitton fabricó baúles encargados por sultanes, maharajás y emperadores para ir de pícnic, jugar al polo y salir de pesca.

En 1938, creó unos baúles especiales forrados de seda moaré rosa para guardar un par de muñecas para las princesas Isabel y Margarita de Inglaterra con motivo de su visita a París junto con el rey Jorge VI.

Georges Vuitton se desvivía por hacer que todos los clientes de la *maison* se sintieran únicos.

Para su clientela más fiel diseñó una versión en miniatura del clásico baúl, que se entregaba con un ramo de flores en el interior.

Otro diseño en miniatura marcaría un cambio fundamental en la historia de Louis Vuitton.

La marca había inaugurado el siglo xx con la presentación de un bolso flexible.

El Steamer fue concebido para guardarse dentro del baúl y separar la ropa limpia de la usada durante los viajes en barco.

No obstante, fieles al estilo de Louis Vuitton, estos bolsos eran tan glamurosos como funcionales.

Por ello, no es de extrañar que llamaran
la atención de un icono de la moda.

En 1915, Coco Chanel encargó a Louis Vuitton una versión personalizada del Steamer.

El diseño presentaba una silueta estructurada, de líneas curvas, con doble cierre de cremallera y un candado, y tenía el tamaño perfecto para poder llevarlo todo el día.

En la década de 1930, Coco Chanel autorizó la venta de una versión de ese bolso, pero se sustituyeron las iniciales CC por las de LV. Comercializado con el nombre de Squire, en 1992 fue rebautizado como Alma en honor a la place de l'Alma de París.

La década de 1930 fue una época en la que las mujeres cada vez disfrutaban de más independencia, y los bolsos pasaron a simbolizar esa libertad recién conquistada.

No solo eran piezas bellamente elaboradas y que combinaban con el atuendo de quien las llevara, sino que también eran accesorios útiles, concebidos para resistir el paso del tiempo.

Esa combinación de belleza y funcionalidad sigue siendo una característica distintiva de los bolsos Louis Vuitton.

Otro bolso clásico de la firma debe su fama, en parte, a una figura icónica del séptimo arte.

Inicialmente conocido como Express, se presentó en 1930 y su nombre reflejaba el ritmo vertiginoso de los viajes modernos.

Sin embargo, en 1965 Audrey Hepburn solicitó una versión más pequeña que combinara con su vestuario intemporal, y así nació el Speedy.

Hepburn lo llevó consigo por todo el mundo, siempre con un estilo impecable.

Los años treinta fueron un período muy prolífico para los bolsos Louis Vuitton; los modelos Keepall y Noé también datan de esa época.

El Noé era un bolso tipo cubo que se diseñó originalmente para transportar botellas del mejor champán francés.

Provisto de correas y laterales ajustables mediante cordones según las necesidades en términos de tamaño y comodidad, era uno de los favoritos de Brigitte Bardot.

El Keepall se concibió como un bolso de gran tamaño, ideal para una escapada de fin de semana improvisada.

El diseñador de estos dos bolsos clásicos fue Gaston-Louis Vuitton, el hijo mayor de Georges. Ahora era Georges quien había empezado a planificar su propio legado.

De sus cinco hijos, dos murieron en la infancia y uno de los gemelos, Jean, falleció en 1910. El gemelo superviviente, Pierre, falleció mientras servía como piloto en la Primera Guerra Mundial, que a su vez marcó una época difícil para el negocio en muchos sentidos. Afortunadamente, Gaston-Louis estaba preparado para continuar con el nombre de Louis Vuitton.

Nacido en 1883, Gaston-Louis Vuitton tenía múltiples inquietudes creativas y, al igual que su padre y su abuelo, era un hábil artesano y vendedor.

Con la ayuda de Gaston-Louis, Georges siguió ampliando su visión de lo que Louis Vuitton podía ofrecerle al mundo.

En la Exposición Internacional de Artes Decorativas e Industrias Modernas celebrada en París en 1925 —una referencia clave del movimiento *art déco*—, la marca no solo expuso artículos de viaje, sino también muebles, cristalería y cerámica elaborados en colaboración con expertos artesanos.

Esta colaboración resultaba especialmente apropiada si se tiene en cuenta la trayectoria de Louis Vuitton, que en su juventud había trabajado con todo tipo de artesanos.

LOUIS

Además de un monedero o una cartera Louis Vuitton, ¿qué mejor para llevar en una maleta de la *maison* que un libro de Louis Vuitton? En 1894, Georges escribió *Le Voyage*, en el que recogía los distintos tipos de equipaje utilizados a lo largo de los siglos. La colección de libros de la marca, titulada *Louis Vuitton Travel Books*, sigue aumentando e incluye cuidadas publicaciones artísticas y guías de ciudades.

En 1927, Louis Vuitton lanzó su primera fragancia: Heures d'Absence.

Inspirada en los viajes, el frasco presentaba la forma de un indicador de carretera y llevaba grabado un avión.

La primera edición de esta fragancia solo constaba de trescientos frascos.

La fragancia debía su nombre a la nueva casa de campo de los Vuitton, señal de que la familia ya formaba parte de esa élite social para la que un joven Louis Vuitton había empezado a fabricar baúles.

Georges Vuitton falleció en 1936 en Asnières-sur-Seine, a los setenta y nueve años. Había guiado la empresa de su padre durante una impresionante etapa de expansión mundial, y ahora la dejaba en manos de Gaston-Louis Vuitton.

La Segunda Guerra Mundial comportaría dificultades para el negocio de los Vuitton y su familia, pero el final de la contienda trajo consigo una nueva demanda de artículos de lujo franceses, como los bolsos Louis Vuitton, muy apreciados por el mundo de la moda y la alta sociedad internacional.

Gaston-Louis se hizo especialmente célebre por sus espectaculares escaparates, que en el establecimiento de los Champs-Élysées se renovaban cada semana y estaban inspirados en sus propios bocetos.

Este compromiso con los escaparates como forma de expresión sigue siendo una de las señas de identidad de la *maison*.

LOUIS VUITTON

LOUIS VUITTON

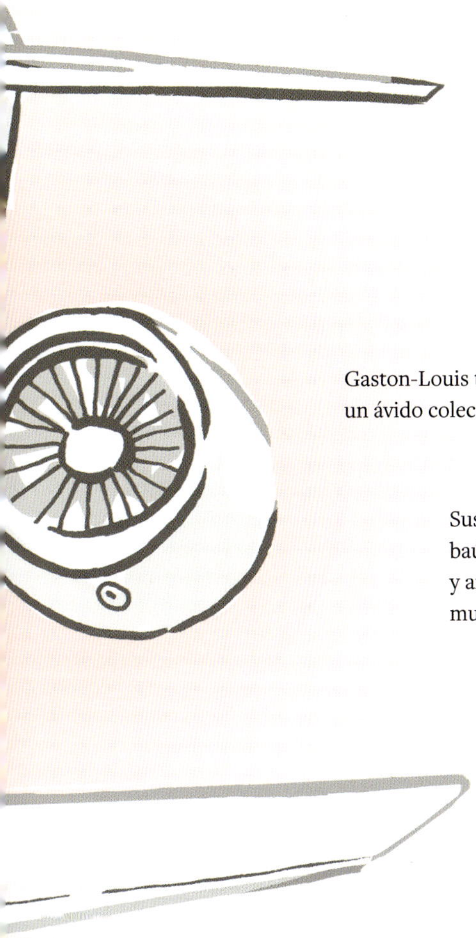

Gaston-Louis también fue un ávido coleccionista.

Sus vastas y curiosas colecciones incluían baúles, por supuesto, pero también cerraduras y artículos de viaje, obras de arte de todo el mundo, juguetes e incluso bastones.

También coleccionó miles de postales curiosas y etiquetas de viaje *vintage* como las que antaño se habrían adherido en los baúles Louis Vuitton.

Hoy, el archivo personal de Gaston-Louis sigue siendo una fuente de inspiración para el equipo creativo de la *maison*.

Gaston-Louis Vuitton dirigió Louis Vuitton con la ayuda de sus hijos hasta su fallecimiento, en 1970. Se cerraba así un ciclo de tres generaciones de la familia Vuitton al frente del negocio.

Para entonces, Louis Vuitton no solo era un referente en el mundo del equipaje y los artículos de viaje, sino una de las firmas que creaba los bolsos más codiciados para cualquier ocasión.

# 3

# LA LEYENDA

**A LO LARGO DE LOS AÑOS**, Louis Vuitton se ha seguido expandiendo por todo el mundo, con el equipaje, los bolsos y la marroquinería como eje central de la marca.

Tras más de un siglo como empresa familiar, en 1987 se fusionó con otra firma francesa de lujo, la prestigiosa productora de champán Moët Hennessy. Fruto de esa unión, nació LVMH.

Se iniciaba así el camino hacia una nueva etapa que ampliaría el legado estilístico de Louis Vuitton. Los baúles originales de la *maison* se habían concebido expresamente para guardar prendas elegantes, pero ahora la marca estaba a punto de lanzar sus propias creaciones. El diseñador Marc Jacobs cimentaría rápidamente Louis Vuitton como una de las grandes firmas de la moda, convirtiéndola en una marca de culto entre las estrellas de una nueva generación.

Louis Vuitton ha seguido evolucionando de un modo que honra los históricos orígenes de la compañía, pero que también mira hacia el futuro, con un sólido compromiso con la tecnología y la sostenibilidad y haciendo gala del espíritu aventurero que la define.

En 1996, Louis Vuitton celebró el centenario de uno de sus diseños más emblemáticos: el icónico estampado Monogram, que Georges Vuitton había creado en homenaje a su padre.

Y lo hizo con el inconfundible estilo de Louis Vuitton: colaborando con varios de los diseñadores de moda más prestigiosos. La codiciada colección incluía piezas de Azzedine Alaïa, Manolo Blahnik y Vivienne Westwood, y su éxito posiblemente fue el detonante que marcó el inicio de un nuevo rumbo.

Al año siguiente, Louis Vuitton dio un giro radical eligiendo a un joven y audaz diseñador estadounidense para el puesto de director creativo. Este tendría la misión de lanzar la primera línea *prêt-à-porter* de la marca.

Para su primera colección con Louis Vuitton, Marc Jacobs creó prendas lujosas, pero desenfadadas y pensadas para viajar con estilo.

En esta primera colección, los bolsos y el estampado Monogram brillaron por su ausencia, pero Jacobs aspiraba a reinventar los códigos de la *maison* sin dejar de inspirarse en los baúles grises Trianon con los que Louis Vuitton se había dado a conocer.

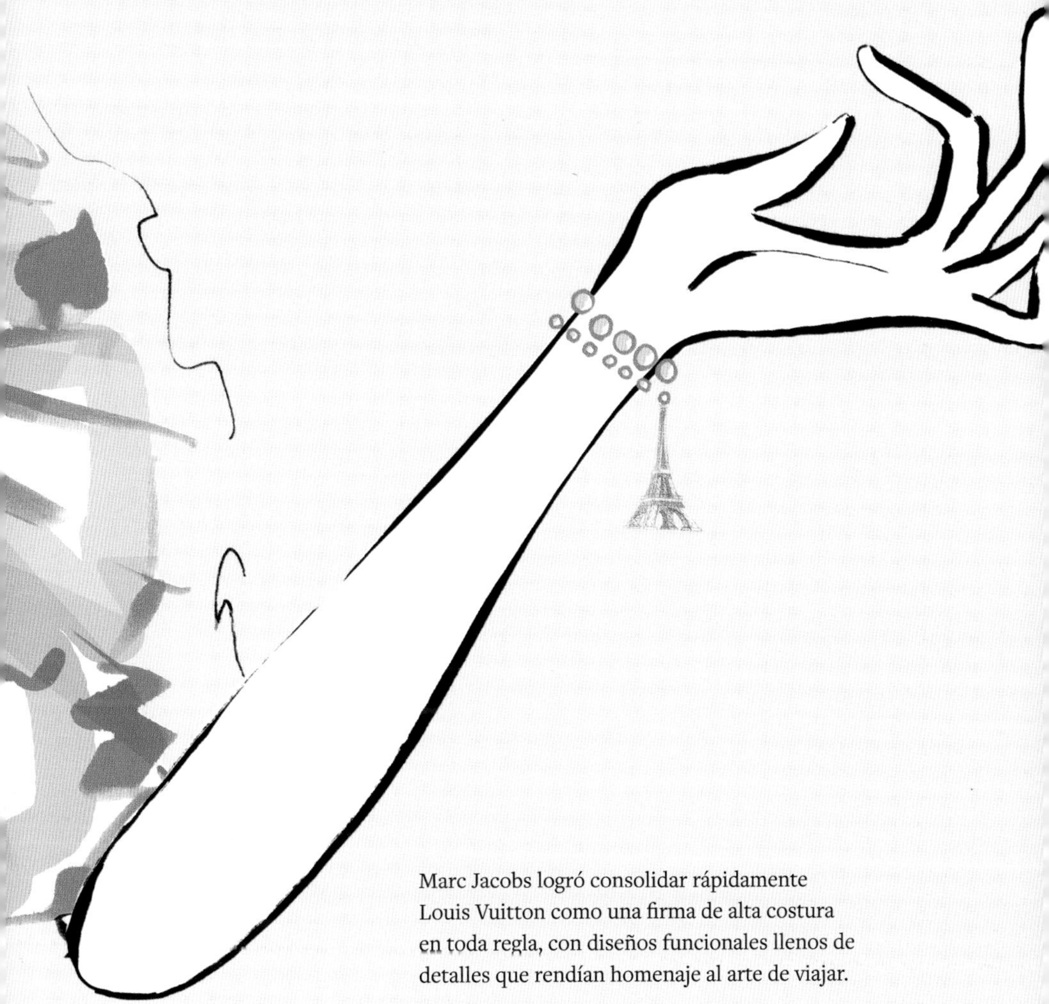

Marc Jacobs logró consolidar rápidamente Louis Vuitton como una firma de alta costura en toda regla, con diseños funcionales llenos de detalles que rendían homenaje al arte de viajar.

Su primera colección de joyería para la firma incluyó una pulsera con dijes que remitían a viajes y aventuras por todo el mundo: una torre Eiffel en miniatura, un avión, una maleta...

Marc Jacobs revitalizó la histórica marca Louis Vuitton con su peculiar estética, irreverente e inspirada en la contracultura, y sus vínculos con la cultura pop.

Celebridades como David Bowie, Madonna y Nicole Kidman empezaron a colaborar con campañas de Louis Vuitton y a lucir sus diseños, tanto en la alfombra roja como en destacados eventos del mundo de la moda.

Jacobs también mantuvo el compromiso de la marca de establecer colaboraciones creativas, sobre todo con el artista estadounidense Stephen Sprouse y el japonés Takashi Murakami.

En 2001, la reinterpretación que hizo Sprouse del logotipo de Louis Vuitton, con grafitis en tonos neón estampados en bolsas y maletas portadas por mozos de equipaje, generó un gran revuelo.

Murakami, por su parte, dio un giro audaz al estampado Monogram creando una versión multicolor que tuvo un éxito inesperado frente a la combinación clásica.

No cabía ninguna duda de que Louis Vuitton había iniciado una nueva y apasionante era.

Bajo la dirección creativa de Marc Jacobs, los desfiles de Louis Vuitton siempre se caracterizaban por una escenografía espectacular.

El de 2010 incorporó una impresionante fuente de agua, y en el de 2011, Kate Moss apareció sentada en un inmenso y majestuoso carrusel de corceles blancos.

El desfile de 2012 alcanzó nuevas cotas de creatividad cuando en el salón entró un tren de época y de él se apearon modelos con *looks vintage* que fueron desfilando junto a las vías.

En 2013, Marc Jacobs dejó Louis Vuitton para centrarse en su propia firma. El decorado de su último desfile aludía a esos momentos icónicos y fue el broche de oro perfecto para un diseñador que había transformado para siempre el rumbo de la marca.

El diseñador francés Nicolas Ghesquière asumió la dirección artística de Louis Vuitton en 2013, tras su paso por Balenciaga.

Conocido por sus influencias experimentales y de estética futurista, Ghesquière apostó por una imagen moderna, en consonancia con el enfoque innovador de la *maison*.

Su primera colección para Louis Vuitton, inspirada en la arquitectura, llevó un título acorde con ello: «Un nuevo día».

LOUIS VUITTON
LOUIS VUITTON

La línea masculina de Louis Vuitton se presentó por primera vez en 2004 bajo la dirección de Marc Jacobs, cimentándose como una de las piedras angulares de la firma gracias al trabajo de diseñadores de renombre.

Kim Jones introdujo colaboraciones con la marca de moda urbana Supreme, mientras que Virgil Abloh, creador de Off-White, aportó un estilo desenfadado y una visión inclusiva durante su etapa al frente de la línea masculina. Por desgracia, este falleció prematuramente a los cuarenta y un años a causa de un cáncer.

El icónico cantautor y rapero Pharrell Williams ha seguido apostando por el *streetwear* y las colaboraciones con referentes de la cultura pop, y aproxima la marca a una nueva generación de seguidores.

“

NO TENGO
que elegir entre la
ALTA COSTURA
y el *streetwear.*

”

VIRGIL ABLOH

Fiel a su espíritu viajero, Louis Vuitton suele presentar sus desfiles en fabulosos espacios repartidos por todo el mundo, como el vanguardista Museo de Arte Contemporáneo de Niterói, en Brasil; el mágico Park Güell de Barcelona, obra de Antoni Gaudí, o el emblemático Museo del Louvre de París.

La firma reutiliza o recicla los materiales empleados en sus impresionantes desfiles y escaparates.

No es de extrañar que los bolsos sigan siendo las piezas más célebres de Louis Vuitton.

Los diseños clásicos de la *maison* enamoran a los iconos de la moda de hoy igual que fascinaron a quienes los usaron en siglos anteriores.

Modelos más recientes, como el Monceau, el Papillon y el Pochette Métis, están disponibles en cuero Epi flexible, en *denim* con el estampado Monogram o en nailon Econyl, fabricado a partir de materiales reciclados.

5TH AVE
ONE WAY

Los bolsos Louis Vuitton más populares suelen ser fruto de colaboraciones, como la de la artista japonesa Yayoi Kusama y sus lunares, y la de Grace Coddington, leyenda de *Vogue*, y sus bocetos de felinos.

En una conexión muy simbólica con el papel desempeñado por Coco en la introducción de la marca en el mundo de los bolsos, Karl Lagerfeld, diseñador de Chanel, contribuyó con un diseño para el proyecto «El icono y los iconoclastas» que la marca emprendió en 2014.

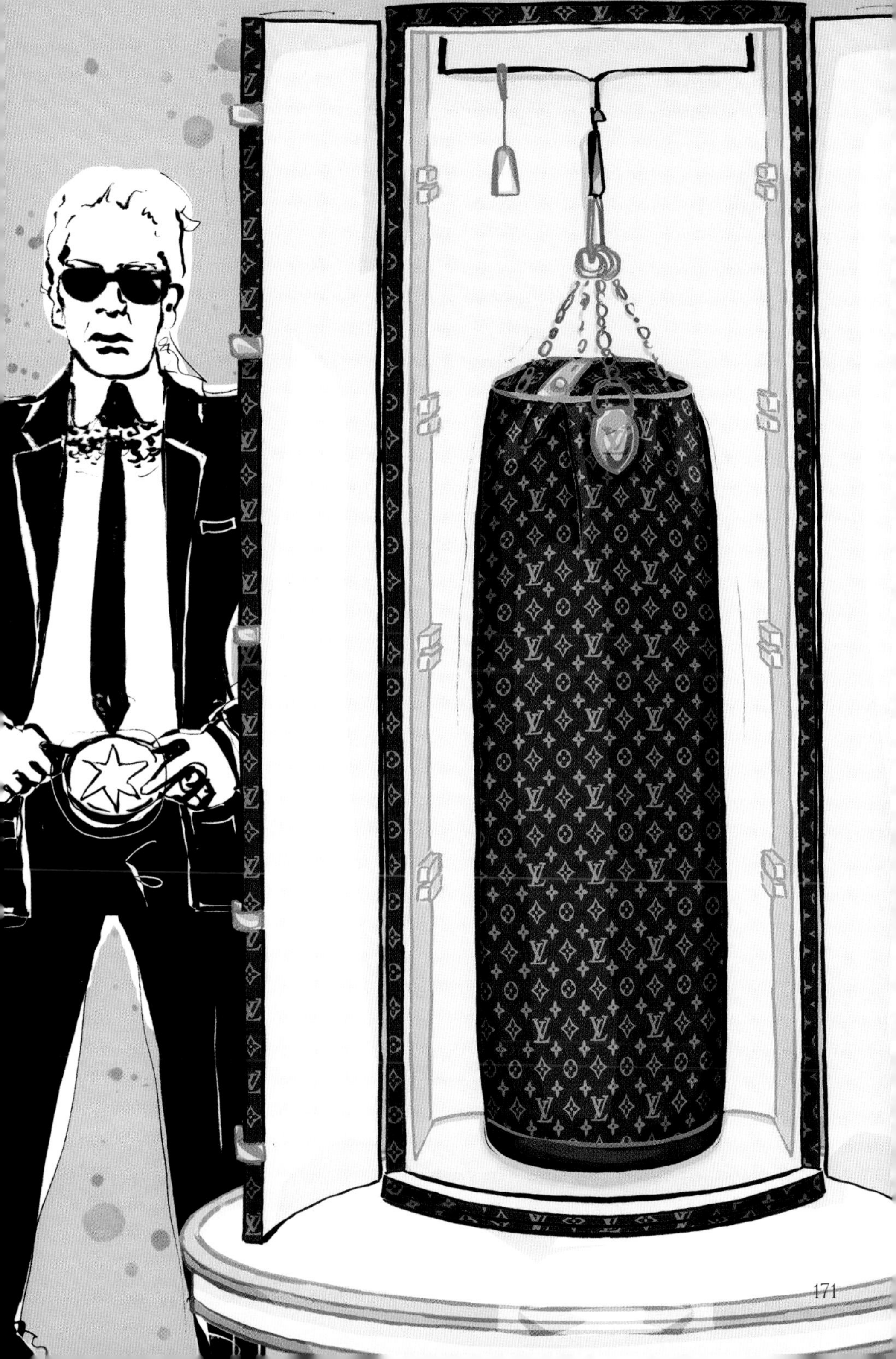

Los codiciados bolsos creados por Ghesquière recuperan elementos de los orígenes de Louis Vuitton, como el Capucines, que rinde homenaje al primer establecimiento de la firma en la rue Neuve-des-Capucines, y el Petite Malle, una versión portátil del legendario baúl de la *maison*.

La firma sigue confeccionando de forma artesanal y con gran meticulosidad sus baúles a medida, con diseños que apenas han cambiado desde los originales de Louis Vuitton y que responden al lema: «Ningún sueño es demasiado ambicioso ni ningún objeto es demasiado complejo».

Se han creado baúles a medida para custodiar colecciones de discos, acuarelas, monopatines, tartas de cumpleaños, trofeos del Roland Garros y medallas de los Juegos Olímpicos de París de 2024.

Incluso hay un baúl para fiestas, con copas de champán y una esfera de espejos con el estampado Monogram.

LOUIS VUITTON
LOUIS VUITTON

Louis Vuitton rinde homenaje a su larga y azarosa historia sin dejar de buscar nuevas formas de mirar hacia el futuro.

Con motivo del bicentenario del nacimiento de su fundador, se creó un juego virtual para conmemorar a Louis Vuitton y su espíritu emprendedor, acompañado de un libro que recogía las ideas y anhelos de doscientos creativos de todo el mundo.

Louis Vuitton estaría encantado de saber que el equipaje innovador sigue siendo una de las principales propuestas de la *maison*.

Las maletas Horizon y Pégase, sumamente ligeras, se presentaron en colaboración con Marc Newson, influyente diseñador industrial australiano.

Actualmente, es habitual verlas en los vestíbulos de los hoteles más lujosos del mundo.

El primer hotel Louis Vuitton es, sin duda alguna, uno de los lugares donde más se verán las maletas de la marca.

Adopta la forma de un gigantesco baúl con estampado Monogram y se alza junto al establecimiento insignia de la *maison* en los Champs-Élysées.

La marca también ha inaugurado un establecimiento en la parisina place Vendôme, a escasa distancia de la rue Neuve-des-Capucines, donde se ubicó la primera tienda.

Al más puro estilo Louis Vuitton, sus edificios siempre apuestan por la innovación y la estética.

Actualmente, Louis Vuitton cuenta con veintiún atelieres en Francia, además de talleres y establecimientos en todo el mundo.

El taller original de Asnières-sur-Seine sigue dedicado a los encargos a medida que dieron origen a la *maison*.

Además del taller, también puede visitarse la hermosa casa que Louis Vuitton construyó para su familia.

Para la colección primavera-verano de 2023, Nicolas Ghesquière diseñó un exquisito bolso, bautizado como la Maison de Famille, que es una réplica de la residencia familiar de los Vuitton.

Parece lógico que una marca fundada por un joven que fue andando hasta París para cumplir sus sueños e inspirada en los viajes desde sus inicios hoy cuente con una calle que lleva su nombre.

En la actualidad, el taller y la residencia familiar de Asnières-sur-Seine se encuentran en la rue Louis Vuitton.

“

LV significa
LOUIS VUITTON,
pero también evoca
*LOVE*: AMOR
por el aquí y el ahora,
POR LOS DETALLES,
por el tiempo que
VIVIMOS.

”

**PHARRELL WILLIAMS**

LOUIS VUITTON

# AGRADECIMIENTOS

A Jasmin Chua, porque esta es la primera biografía en la que trabajamos juntas. Gracias por compartir mi entusiasmo y sumergirte en este libro con tanta pasión.

A Emily Hart, por documentar cada detalle de la vida de Louis Vuitton y descubrir un sinfín de momentos maravillosos que hacen que su historia sea inolvidable.

A Staci Barr, por tu ayuda inestimable a la hora de dar forma a cada página y añadir al conjunto tu toque de magia.

A Martina Granolic, por todas las aventuras que hemos compartido con nuestras maletas Louis Vuitton.

A Missy Lewis, por tu meticuloso trabajo y tu ayuda con las páginas ilustradas.

A Murray Batten, por crear un diseño tan elegante para narrar la historia de Louis Vuitton.

A Todd Rechner, por tu extraordinario esmero durante el proceso de llevar todos mis libros a buen puerto. Has hecho de cada uno de ellos algo precioso que sostener, leer y conservar para siempre.

A mi marido, Craig, y a mis hijos, Gwyn y Will, por escuchar mis interminables anécdotas sobre Louis Vuitton y ser tan buenos compañeros de viaje en todas nuestras aventuras en familia.

# SOBRE LA AUTORA

Megan Hess nació para dibujar. Tras formarse en diseño gráfico y especializarse en dirección artística, trabajó para algunas de las principales agencias publicitarias del mundo y para Liberty London. En 2008, ilustró el éxito de ventas *Sexo en Nueva York*, de Candace Bushnell. Esto la catapultó al plano internacional y empezó a ilustrar retratos para *The New York Times*, *Vogue Italia*, *Vanity Fair* y *TIME*, que describieron su trabajo como «amor a primera vista».

En la actualidad, Hess es una de las ilustradoras de moda más solicitadas de todo el mundo, y entre sus clientes se cuentan la propia Louis Vuitton, Givenchy, Tiffany & Co., Valentino y *Harper's Bazaar*. Su icónico estilo se ha podido ver en campañas internacionales para Fendi, Prada, Cartier, Dior y Salvatore Ferragamo. Ha ilustrado en directo desfiles de moda, como Fendi en la Semana de la Moda de Milán, Chopard en el Festival de Cannes de 2019, Viktor & Rolf y Christian Dior Couture.

Hess ha creado un *look* corporativo para Bergdorf Goodman, en Nueva York, y una colección de bolsos personalizados para Harrods, en Londres. Ha ilustrado una serie de retratos para Michelle Obama, así como retratos para Gwyneth Paltrow, Cate Blanchett y Nicole Kidman. También es la artista global residente de la prestigiosa Oetker Hotel Collection.

Ilustra toda su obra con una pluma Montblanc personalizada, a la que llama cariñosamente «Monty».

Ha escrito e ilustrado varios superventas de moda, entre ellos las biografías *Coco Chanel. La revolución de la elegancia* (Lunwerg, 2018) y *Christian Dior. La esencia del estilo* (Lunwerg, 2022).

Cuando no trabaja en su estudio, se la puede encontrar viajando por todo el mundo con su equipaje Louis Vuitton.

Más información sobre la autora en:
**meganhess.com**

Título original: *Louis Vuitton. The Illustrated World of a Fashion Icon*


Lunwerg es un sello editorial de Editorial Planeta, S.A.
Avenida Diagonal, 662-664 – 08034 Barcelona
Calle Juan Ignacio Luca de Tena, 17 – 28027 Madrid
lunwerg@lunwerg.com
www.lunwerg.com
www.instagram.com/lunwerg
www.x.com/Lunwerglibros
www.facebook.com/lunwerg

Primera edición: abril de 2026
Depósito legal: B. 14.184-2025
ISBN: 979-13-87761-36-3
*Printed in China* - Impreso en China

MIXTO
Papel | Apoyando la silvicultura responsable
FSC® C020056
FSC www.fsc.org

## OTROS TÍTULOS DE MEGAN HESS

*Coco Chanel. La revolución de la elegancia*

*Christian Dior. La esencia del estilo*

*Audrey Hepburn. Elegancia natural*

*Grace Kelly. La princesa que marcó estilo*

*Palabra de Marilyn*

*Palabra de Gucci*

*Elegancia. Maestros de la moda francesa*

*Estilo. Maestros de la moda italiana*

*Historia de la moda en 100 vestidos*

*El fascinante mundo de la alta costura*

*Los colores de la moda*

*Little black dress. El vestido negro que cambió la moda*

*Zapatos. La auténtica elegancia*

*Bolsos*

*París a través de la moda*

*Nueva York a través de la moda*

*Londres a través de la moda*

*Fashion House. Interiores con estilo: de la pasarela al hogar*